Matemáticas 4º ESO
16. Derivadas (I)

José Rodolfo Das López

Matemáticas 4º ESO - 16. Derivadas (I)
© José Rodolfo Das López, 2018.
Correo Electrónico: jose.das@jrdas.org
Diseño portada y contraportada: Claudia Escribano Máñez
Edita: Sección del IES Fernando III de Ayora en Jalance

ISBN: 978-84-17613-16-7
Depósito Legal: V-1998-2018
1ª edición: Julio, 2018

Índice

Índice	3
1 Tasas de variación media e instantánea	5
2 Derivada de una función en un punto	8
3 Operaciones con funciones derivables	10
4 Función derivada	12
5 Derivadas de las operaciones con funciones	14
6 Derivada de la función compuesta. Regla de la cadena	19
7 Derivadas de funciones elementales.	24
8 La recta tangente.	36
Soluciones	42

1. Tasas de variación media e instantánea

Intuitivamente, la derivada de una función en un punto es la pendiente de la recta tangente a la función en este punto e indica su velocidad de crecimiento. Es una medida de variación instantánea.

Para llegar a la derivada de una función en un punto, es decir, a la variación puntual de la función, hemos de basarnos en la variación dentro de un intervalo.

Se llama **Tasa de Variación Media** (T.V.M) de una función $y = f(x)$ en un intervalo $[a,b]$ al cociente

$$\boxed{\dfrac{f(b)-f(a)}{b-a}}$$

Es decir, al cociente entre la variación de y y la de x, en ese intervalo.

Observa que la T.V.M. de una función en un intervalo, es la pendiente del segmento cuyos extremos son los puntos $(a,f(a))$ y $(b,f(b))$.

Una forma fácil de visualizar el concepto de T.V.M. sería comparar la gráfica de f con un movimiento de un objeto móvil. La T.V.M. indicaría la velocidad media a la que ha viajado el objeto durante el período de tiempo $[a,b]$.

1.1. Definición de derivada

En la sección anterior, las rectas que construíamos en los diferentes intervalos $[a,b]$ que íbamos tomando, siempre eran secantes a la función en dos puntos e indicaban una variación media de la función. La idea básica del concepto de derivada reside en la puntualidad de la variación.

Cuando en un intervalo $[a,b]$ sobre el que hemos construido una recta secante, como en el apartado anterior, reducimos la distancia entre a y b, acercando b hacia a, hasta el límite de que ésta llegue a ser 0, las rectas que se irán construyendo irán pareciéndose más a una recta que es tangente a la función f en el punto $(a,f(a))$. Ésta es a la que denominaremos recta tangente a la curva f en el punto a, más en concreto,

Sea I un intervalo real, $f: I \to \mathbb{R}$ una función y $t_0 \in I$ un punto. Diremos que f es derivable en t_0 si existe, y es finito, el siguiente límite:

$$\boxed{\lim_{h \to 0} \dfrac{f(t_0+h)-f(t_0)}{h}}$$

Al valor de este límite lo llamaremos derivada de f en t_0 y lo denotaremos por $f'(t_0)$.

Si denotamos $h = x - t_0$, el límite anterior puede escribirse como

$$\lim_{x \to t_0} \dfrac{f(x)-f(t_0)}{x-t_0}$$

Notar que el valor de la derivada de una función f en un punto p es el valor de la pendiente de la recta tangente a la función f en el punto p.

1.2. Tasa de variación instantánea

En muchas ocasiones, los valores de la tasa de variación media de una función $y = f(x)$ en el intervalo $[a,b]$ tienden a un valor numérico constante cuando el extremo final del intervalo, b, se aproxima al extremo inicial, a.

Ese número es la tasa de variación instantánea de la función f en el punto $x = a$. Si escribimos $b = a + h$:

$$\text{TVI} f(a) = \lim_{h \to 0} \text{TVM} f[a, a+h] = \lim_{h \to 0} \frac{f(a+h) - f(a)}{h}$$

siempre que este límite exista.

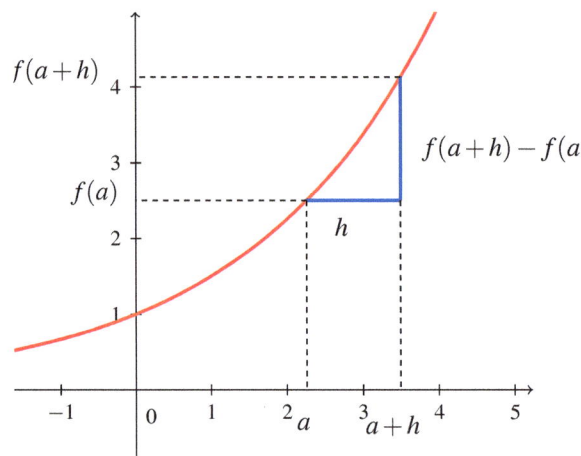

Ejercicio resuelto 1.1

La distancia recorrida por un autobús en los cinco primeros segundos desde que sale de una parada viene dada por la función $f(t) = t^2$. ¿Qué velocidad llevará en el instante $t = 3$ segundos?

Parece razonable pensar que la velocidad en el instante $t = 3$ s será muy parecida a la velocidad media alcanzada entre los instantes $t = 3$ s y $t = 3,1$ s. Así, la velocidad media alcanzada entre los instantes $t = 3$ s y $t = 3,1$ s será:

$$\text{Velocidad media} = \frac{\text{espacio recorrido}}{\text{tiempo empleado}} = \frac{f(3,1) - f(3)}{3,1 - 3} = \frac{9,61 - 9}{0,1} = 6,1 \text{m/s}$$

$$v(3) = \text{TVI} f(3) = \lim_{h \to 0} \frac{f(3+h) - f(3)}{h} = \lim_{h \to 0} \frac{(3+h)^2 - 3^2}{h} = \lim_{h \to 0} \frac{h(6+h)}{h} = 6$$

Luego la velocidad para $t = 3$ s del autobús es de 6 m/s.

Ejercicio resuelto 1.2

Un estudio de contaminación realizado por un Ayuntamiento concluye que dentro de t años, el nivel medio de monóxido de carbono, CO, en el aire será $m(t) = 0,05t^2 + 0,10t + 3,4$ partes por millón. Calcula la tasa de variación instantánea del nivel de CO cuando t sea igual a 1 año.

$$\text{TVI} m(1) = \lim_{h \to 0} \frac{m(1+h) - m(1)}{h} =$$
$$= \lim_{h \to 0} \frac{0,05(1+h)^2 + 0,1(1+h) + 3,4 - (0,05 + 0,1 + 3,4)}{h} =$$
$$= \lim_{h \to 0} \frac{0,05 + 0,05h^2 + 0,1h + 0,1 + 0,1h + 3,4 - 3,55}{h} =$$
$$= \lim_{h \to 0} \frac{h(0,05h + 0,2)}{h} = 0,2$$

Esto es, será de 0,2 partes de CO por millón y por año.

Ejercicios

1. Sea la función $f(x) = \sqrt{x+4}$.

    (a) Calcula su tasa de variación media en el intervalo $[0,h]$.

    (b) Utilizando la calculadora, estima cuanto vale la tasa de variación instantánea para $x = 0$.

    (c) Obtén el resultado anterior sin calculadora.

2. Calcula la tasa de variación instantánea de la función $f(x) = 2x^2 - 3x + 1$ para $x = -1$.

3. Utiliza la calculadora, trabajando con radianes, para obtener la tasa de variación instantánea de $f(x) = \sin x$ en $x = 0$.

4. Considera la función $f(x) = 2^x$. Usa la calculadora para completar la siguiente tabla.

x	0	1	0,5	0,3	0,1	-0,1
$f(x)=2^x$						

Calcula la tasa de variación media en los intervalos $[0;0,5]$, $[0;0,3]$, $[0;0,1]$ y $[-0,1;0]$. A partir de los resultados obtenidos, halla una aproximación para la tasa de variación instantanea en $x=0$.

5. El volumen de una esfera, en función del radio, viene dado por $V(r) = \frac{4}{3}\pi r^3$. Despeja el radio y, usando la calculadora, estima la tasa de variación instantanea del mismo cuando $V = 1000\text{cm}^3$.

2 Derivada de una función en un punto

Supongamos una función cualquiera $y = f(x)$ y un punto fijo cualquiera de su gráfica $P(a, f(a))$. Si se toma otro punto $Q(a+h, f(a+h))$, la recta que une P con Q es una secante a la gráfica de la función. En la figura siguiente se observa que su pendiente es

$$\tan \alpha = \frac{QT}{PT} = \frac{f(a+h)-f(a)}{h}$$

cuando el punto Q recorre la curva de f, aproximandose a P (puntos Q_1 a Q_4 de la figura), la recta secante que une P con Q se va aproximando a la recta que, intuitivamente, se identifica con la recta tangente a la gráfica de $y = f(x)$ en P.

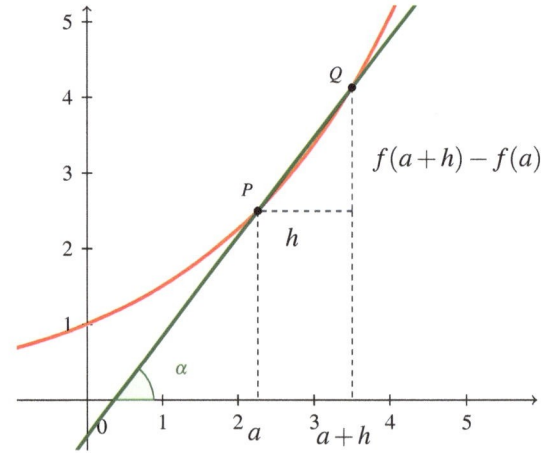

La pendiente de esta recta tangente a la curva en P vendrá dada por el número m, al que se aproximan las pendientes de las rectas secantes que unen P con Q, cuando Q se aproxima a P, es decir, cuando h se aproxima a 0.

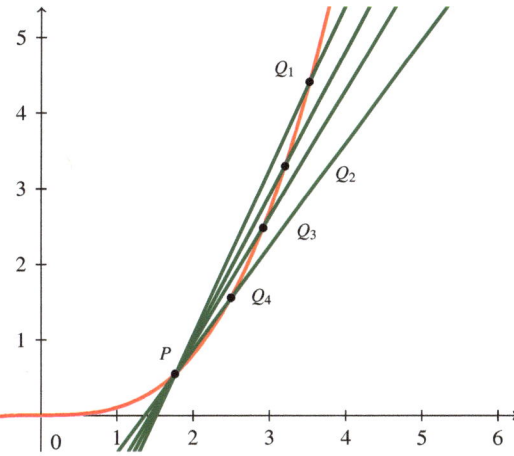

$$m = \lim_{h \to 0} \frac{f(a+h) - f(a)}{h}$$

Este número es la derivada de la función f en el punto $x = a$.

La derivada de una función f en el punto $x = a$ se representa como $f'(a)$ y es igual a

$$f'(a) = \lim_{h \to 0} \frac{f(a+h) - f(a)}{h}$$

límite que coincide con la tasa de variación instantánea de f en el punto $x = a$.

Geométricamente, representa el valor de la pendiente de la recta tangente a la gráfica de $y = f(x)$ en el punto $P(a, f(a))$.

Si el límite anterior existe, se dice que f es **derivable** en $x = a$.

Ejercicio resuelto 2.1

Halla la derivada de la función constante, $f(x) = k$, con k un número real, en el punto $x = a$.

La función constante corresponde a una recta horizontal, $y = k$, luego su pendiente es 0 y, por tanto, su derivada es también 0 en cualquier punto. Aplicando la definición:

$$f'(a) = \lim_{h \to 0} \frac{f(a+h) - f(a)}{h} = \lim_{h \to 0} \frac{k - k}{h} = \lim_{h \to 0} \frac{0}{h} = 0$$

sea cual sea el punto $x = a$.

Ejercicio resuelto 2.2

Consideremos la función $f(x) = x^2 - 1$. Obtén $f'(1)$ y calcula la ecuación de la recta que pasa por $P(1,0)$ y tiene por pendiente el número $f'(1)$.

$$f'(1) = \lim_{h \to 0} \frac{f(1+h) - f(1)}{h} = \lim_{h \to 0} \frac{((1+h)^2 - 1) - (1^2 - 1)}{h} =$$
$$= \lim_{h \to 0} \frac{(1 + 2h + h^2 - 1) - 0}{h} = \lim_{h \to 0} \frac{h(2+h)}{h} = \lim_{h \to 0} (2 + h) = 2$$

La recta pedida tiene pendiente 2 y pasa por el punto $P(1,0)$, luego es $y = 2x - 2$.

3 Operaciones con funciones derivables

Sean $f, g :]a, b[\to \mathbb{R}$ funciones derivables en un punto $p \in]a, b[$, entonces:

1. $f \pm g$ es derivable y $(f \pm g)'(p) = f'(p) \pm g'(p)$.

2. Dado $\alpha \in \mathbb{R}$ fijo $\alpha \cdot f$ es derivable y $(\alpha \cdot f)'(p) = \alpha \cdot f'(p)$.

3. $f \cdot g$ es derivable y $(f \cdot g)'(p) = f'(p) \cdot g(p) + f(p) \cdot g'(p)$.

4. Si, además, $g(p) \neq 0$, $\frac{f}{g}$ es derivable y $\left(\dfrac{f}{g}\right)' = \dfrac{f'(p) \cdot g(p) - f(p) \cdot g'(p)}{(g(p))^2}$.

Regla de la cadena. Sea $f :]a, b[\to \mathbb{R}$ una función y $p \in]a, b[$ un punto. Consideremos otra función $g : f(]a, b[) \to \mathbb{R}$ tal que existe un $\delta > 0$ tal que $]f(p) - \delta, f(p) + \delta[\subseteq f(]a, b[)$. Si la función f es derivable en p y g es derivable en $f(p)$, entonces $g \circ f$ es derivable en p y

$$(g \circ f)'(p) = g'(f(p)) \cdot f'(p)$$

Ejercicios

6. Aplicando la definición, halla las siguientes derivadas en los puntos indicados.

   (a) $f(x) = 2x^2 - 3x$, $x = -1$ y $x = 2$.

   (b) $f(x) = x^3 + x - 5$, $x = 0$ y $x = 5$.

   (c) $f(x) = x^2 - 5$, $x = -2$ y $x = 2$.

7. Sea tabla de valores de una función f.

x	1	1,97	2	2,02	2,2	3,99	4	4,01
$f(x)$	2,5	6,905	7	7,059	7,5	8,98	9	9,2

(a) Utiliza esta tabla para aproximar $f'(2)$.

(b) A la vista de los valores de la tabla, ¿crees que existe $f'(4)$? Justifica tu respuesta.

8. Dadas las funciones $f(x) = 3x^2 + 1$, $g(x) = (2x-3)^5$, y $h(x) = 2x^3 - 5x$, calcula estas derivadas en los puntos indicados.

   (a) $f(x) \cdot h(x)$ en $x = -1$.

   (b) $(f \cdot g)(x)$ en $x = 1$.

   (c) $\sqrt{f(x)}$ en $x = 0$.

   (d) $\dfrac{8 \cdot g(x)}{f(x)}$ en $x = 1$.

   (e) $\dfrac{g(x)}{5} - \dfrac{h(x)}{f(x)}$ en $x = 1$.

4 Función derivada

La función que a cada número x del dominio de f le asigna el número $f'(x)$, si existe, se llama función derivada de f o, simplemente, la derivada de f, y se suele representar por f'.

Ejercicio resuelto 4.1

Usando la definición de derivada, calcula la derivada de $f(x) = \dfrac{1}{x}$.

$$f'(x) = \lim_{h \to 0} \frac{f(x+h) - f(x)}{h} = \lim_{h \to 0} \frac{\frac{1}{x+h} - \frac{1}{x}}{h} = \lim_{h \to 0} \frac{\frac{x-(x+h)}{(x+h)x}}{h} =$$

$$= \lim_{h \to 0} \frac{-h}{(x+h) \cdot x \cdot h} = \lim_{h \to 0} \frac{-1}{(x+h) \cdot x} = -\frac{1}{x^2}$$

Ejercicios

9. Efectúa el límite
$$\lim_{h \to 0} \frac{f(x+h) - f(x)}{h}$$
en el que f es la función $f(x) = x^2 - 3x$.

10. Aplicando la definición, calcula la derivada de las siguientes funciones.

    (a) $f(x) = 5x^2 - 4x + 1$

    (b) $f(x) = \dfrac{1}{x^2 + 1}$

Derivadas sucesivas. Al igual que hemos hablado de la derivada de la función f, podemos hablar de la derivada de la función f', que se llama derivada segunda de f y se representa por f'' y así sucesivamente.

4.1. Derivada de la función constante

Dada una constante $k \in \mathbb{R}$ y un punto $x \in \mathbb{R}$, la función $f(x) = k$ es derivable y, además,

$$\boxed{[k]' = 0}$$

Como podemos ver:
$$f'(x) = \lim_{h \to 0} \frac{f(x+h) - f(x)}{h} = \lim_{h \to 0} \frac{k-k}{h} = 0$$

4.2. La derivada de $f(x) = x^n, n = 1, 2, 3 \ldots$

Dada una constante $n \in \mathbb{N}$ y un punto $x \in \mathbb{R}$, la función $f(x) = x^n$ es derivable y, además,

$$\boxed{[x^n]' = nx^{n-1}}$$

Aplicando la definición de derivada para un punto x:

$$f'(x) = \lim_{h \to 0} \frac{f(x+h) - f(x)}{h} = \lim_{h \to 0} \frac{(x+h)^n - x^n}{h}$$

Desarrollando $(x+h)$ por el binomio de Newton:

$$f'(x) = \lim_{h \to 0} \frac{x^n + nx^{n-1}h + h^2(\ldots) - x^n}{h} = \lim_{h \to 0} \frac{h(nx^{n-1} + h(\ldots))}{h} =$$
$$= \lim_{h \to 0} \left(nx^{n-1} + h(\ldots)\right) = nx^{n-1}$$

Como se demostrará más adelante, este resultado es válido también aunque el exponente, n, sea cualquier número real y no solo un número natural.

Ejercicios

11. Halla la derivada de estas funciones constantes

    (a) $f(x) = 4$

    (b) $f(x) = 23$

    (c) $f(x) = -5$

    (d) $f(x) = \pi$

    (e) $f(x) = e$

    (f) $f(x) = \frac{2}{5}$

    (g) $f(x) = -\frac{1}{8}$

    (h) $f(x) = \sqrt{6}$

    (i) $f(x) = \sqrt[4]{7}$

    (j) $f(x) = \frac{1}{\sqrt[3]{5}}$

    (k) $f(x) = -\frac{\sqrt{7}}{\sqrt[3]{2}}$

    (l) $f(x) = -\frac{\pi}{\sqrt{14}}$

12. Halla la derivada de estas funciones potenciales

    (a) $f(x) = x^4$

    (b) $f(x) = x^7$

    (c) $f(x) = x^3$

    (d) $f(x) = x$

5 Derivadas de las operaciones con funciones

5.1. La derivada de la suma o de la resta

Si f y g tienen derivada en el punto de abscisa x, entonces la función $F(x) = f(x) \pm g(x)$ también tiene derivada en el punto de abscisa x y se verifica que

$$F'(x) = f'(x) \pm g'(x)$$

Efectivamente, si llamamos $F(x) = f(x) \pm g(x)$,

$$F'(x) = \lim_{h \to 0} \frac{F(x+h) - F(x)}{h} = \lim_{h \to 0} \frac{f(x+h) \pm g(x+h) - (f(x) \pm g(x))}{h} =$$

$$= \lim_{h \to 0} \frac{f(x+h) - f(x)}{h} \pm \lim_{h \to 0} \frac{g(x+h) - g(x)}{h} = f'(x) + g'(x)$$

Ejercicio resuelto 5.1

Calcula la derivada de $F(x) = f(x) + g(x)$, con $f(x) = x^3$ y $g(x) = x^2$.

Aplicando la definición de derivada:

$$F'(x) = \lim_{h \to 0} \frac{F(x+h) - F(x)}{h} = \lim_{h \to 0} \frac{(x+h)^3 + (x+h)^3 - (x^3 + x^2)}{h}$$

Esta última fracción se puede escribir como suma de dos fracciones. Así:

$$F'(x) = \lim_{h \to 0} \left[\frac{(x+h)^3 - x^3}{h} + \frac{(x+h)^2 - x^2}{h} \right] =$$

$$= \lim_{h \to 0} \frac{(x+h)^3 - x^3}{h} + \lim_{h \to 0} \frac{(x+h)^2 - x^2}{h} = 3x^2 + 2x = f'(x) + g'(x)$$

5.2. La derivada de $F(x) = k \cdot f(x)$, donde k es un número real

En la función $F(x) = k \cdot f(x)$, si k es un entero positivo, aplicando el resultado anterior se verifica que:

$$F'(x) = f'(x) + f'(x) + \cdots + f'(x) = kf'(x)$$

Pero este argumento no vale para otros valores de k. En ese caso se aplica la definición de derivada:

$$F'(x) = \lim_{h \to 0} \frac{F(x+h) - F(x)}{h} = \lim_{h \to 0} \frac{kf(x+h) - kf(x)}{h} = \lim_{h \to 0} k \frac{f(x+h) - f(x)}{h} = kf'(x)$$

Así,

$$[k \cdot f(x)]' = k \cdot f'(x)$$

Con estos tres resultados tan elementales, ya se puede obtener de forma inmediata la derivada de cualquier función polinómica: Dado cualquier polinomio $f(x) = a_n x^n + a_{n-1} x^{n-1} + \cdots + a_2 x^2 + a_1 x + a_0$, su derivada es:

$$\boxed{f'(x) = n a_n x^{n-1} + (n-1) a_{n-1} x^{n-2} + \cdots + 2 a_2 x + a_1}$$

5.3. La derivada del producto

Si f y g son derivables, su producto también lo es. Para deducir la forma que adopta la derivada del producto de dos funciones derivables, f y g, se calcula la derivada de $(f+g)^2$ de dos formas diferentes:

$$[(f+g)^2]' = \begin{cases} (f^2 + 2fg + g^2)' = 2ff' + 2(fg)' + 2gg' \\ 2(f+g)(f+g)' = 2(f+g)(f'+g') = 2ff' + 2fg' + 2gf' + 2gg' \end{cases}$$

Así pues:

$$ff' + (fg)' + gg' = ff' + fg' + gf' + gg',$$

de donde se pbtiene que

$$\boxed{[f(x) \cdot g(x)]' = f'(x) g(x) + f(x) g'(x)}$$

5.4. La derivada del cociente

Aplicando el resultado anterior, se calcula de forma inmediata la derivada del cociente de dos funciones en los puntos en los que no se anule el denominador. Se escribe $f = \frac{f}{g} \cdot g$, derivamos la igualdad:

$$f' = \left(\frac{f}{g} \cdot g\right)' = \frac{f}{g} \cdot g' + g \cdot \left(\frac{f}{g}\right)',$$

y despejando la derivada del cociente:

$$\boxed{\left[\frac{f(x)}{g(x)}\right]' = \frac{f'(x) - \frac{f(x)}{g(x)} \cdot g'(x)}{g(x)} = \frac{f'(x) g(x) - f(x) g'(x)}{g^2(x)}}$$

Ejercicio resuelto 5.2

Calcula las derivadas de las siguientes funciones.

(a) $f(x) = (x^4 + 6x) \cdot (3x^3 - x^2 + 2)$

(b) $f(x) = \dfrac{2x - 5}{x + 3}$

(a) El producto de dos funciones polinómicas:

$$f'(x) = (4x^3 + 6)(3x^3 - x^2 + 2) + (x^4 + 6x)(9x^2 - 2x) = 21x^6 - 6x^5 + 80x^3 - 18x^2 + 12$$

(b) El cociente de dos funciones: $f'(x) = \dfrac{2 \cdot (x+3) - (2x-5) \cdot 1}{(x+3)^2} = \dfrac{11}{(x+3)^2}$

Ejercicios

13. Halla la derivada de estas funciones producto de una constante por una potencia

    (a) $f(x) = 8x^5$

    (b) $f(x) = 2x^7$

    (c) $f(x) = 4x$

    (d) $f(x) = -5x$

    (e) $f(x) = \sqrt{2}x$

    (f) $f(x) = \frac{2}{5}x$

    (g) $f(x) = 5x^3$

    (h) $f(x) = -\frac{x^2}{8}$

    (i) $f(x) = \sqrt{2}x$

    (j) $f(x) = -\frac{5x^2}{a}$

14. Halla la derivada de estas sumas de funciones

    (a) $f(x) = x^3 + x^2$

    (b) $f(x) = 5x^3 + 3x^2 + 7x$

    (c) $f(x) = -2x^3 + 3x^2 - 6x + 8$

    (d) $f(x) = \frac{2}{5}x^3 + \frac{1}{4}x^2 + 5x - 3$

    (e) $f(x) = x^4 - 3x$

    (f) $f(x) = x^5 - 4x^3 + 2x - 3$

    (g) $f(x) = ax^2 + bx + c$

(h) $f(x) = \dfrac{1}{4} - \dfrac{1}{3}x + x^2 - \dfrac{1}{2}x^4$

(i) $f(x) = ax^m + bx^{n+m}$

(j) $f(x) = \dfrac{4}{5}x^4 - \dfrac{2}{7}x^3 + 4x^2 - 2$

(k) $f(x) = \dfrac{ax^6 + b}{\sqrt{a^2 + b^2}}$

(l) $f(x) = 3x^5 + 4x^4 - 2x^3 - 5x^2 + 6x + 8$

(m) $f(x) = \dfrac{3x^4}{4} - \dfrac{7}{3}x^3 + \dfrac{9}{2}x^2 + 5x - 15$

(n) $f(x) = \dfrac{x^2 - 5x^4 + 12x^3}{2}$

(ñ) $f(x) = -3x^3 + 4x^2 + 3x + 4$

(o) $f(x) = 3x^3 - 4x^2 - 3x - 4$

(p) $f(x) = -6x^3 + 8x^2 + 6x + 8$

(q) $f(x) = 3x^3 + 4x^2 - 3x + 4$

15. Halla la derivada de estos productos de funciones

    (a) $f(x) = (3x^2 + 3)(2x^2 + 1)$

    (b) $f(x) = (4x^3 - 6)(4x^2 + 4)$

(c) $f(x) = (-x^2 + 4x + 5)(4x^4 - 3)$

(d) $f(x) = (x + 5x^2 + 6x^3)(4x^2 - 5)$

(e) $f(x) = (x^4 + 3x^2)(-x^2 + 6x - 2)$

(f) $f(x) = (2x - 7)(5 - 3x)$

(g) $f(x) = (x + 1)(2x + 1)(3x + 1)$

(h) $f(x) = (3x^3 - 5x + 1)(x + x^5)$

16. Halla la derivada de estos cocientes de funciones

    (a) $f(x) = \dfrac{2x^3 + 5}{4x^2 + 7}$

    (b) $f(x) = \dfrac{4x^3 - 5x^2}{3x^2 - 4}$

    (c) $f(x) = \dfrac{x^4 - 6}{3x^3 + 4x^4}$

    (d) $f(x) = \dfrac{3x^2 + 2x + 3}{3x^2 + 7}$

    (e) $f(x) = \dfrac{1}{x - 3}$

    (f) $f(x) = \dfrac{x}{x^2 - 5}$

(g) $f(x) = \dfrac{x^2-1}{x^2+1}$

(h) $f(x) = \dfrac{a+bx}{c+dx}$

(i) $f(x) = \dfrac{2x+3}{x^2+5x+5}$

(j) $f(x) = \dfrac{2}{x^2-5x^4+12x^3}$

(k) $f(x) = \dfrac{x^2}{3x+2}$

6 Derivada de la función compuesta. Regla de la cadena

Las reglas de derivación expuestas en los epígrafes anteriores permiten calcular la derivada de funciones como, por ejemplo, $f(x) = (x^2+3x+2)^{10}$, pero para poder hacerla debe desarrollar primero este polinomio, lo cual es una tarea larga y laboriosa. El problema se simplifica si se escribe la función $f(x)$ como el resultado de la composición de dos funciones, $f(x) = x^{10}$ y $g(x) = x^2+3x+2$. En efecto:

$$(f \circ g)(x) = f(g(x)) = f(x^2+3x+2) = (x^2+3x+2)^{10}.$$

Ejercicio resuelto 6.1

Considera la función $t(x) = (x^2+1)^3$.

(a) Calcula su derivada, desarrollando previamente el polinomio $t(x)$.

(b) Escribe t como $f \circ g$.

(c) Obtén $f'(g(x))$ y $g'(x)$, y relacionándolo con $t'(x)$, calculada en el primer apartado.

(a) $t(x) = (x^2+1)^3 = x^6+3x^4+3x^2+1$, por lo que $t'(x) = 6x^5+12x^3+6x$

(b) $t(x) = (f \circ g)(x)$, siendo $g(x) = x^2+1$ y $f(x) = x^3$. En efecto: $f(g(x)) = f(x^2+1) = (x^2+1)^3$.

(c) $f'(x) = 3x^2$, luego $f'(g(x)) = 3(g(x))^2 = 3(x^2+1)^2$ y $g'(x) = 2x$.

Así pues, $f'(g(x)) \cdot g'(x) = 3(x^2+1)^2 \cdot 2x = 6x(x^4+2x^2+1) = 6x^5+12x^3+6x$ expresión que coincide con $t'(x)$, calculada en el apartado (a).

Se ha visto en este ejemplo que $(f \circ g)'(x) = f'(g(x)) \cdot g'(x)$. Este resultado se conoce como regla de la cadena.

Regla de la cadena. Si g tiene derivada en x y f tiene derivada en $g(x)$, entonces la función $f \circ g$ tiene derivada en x y es

$$\boxed{(f \circ g)'(x) = f'(g(x)) \cdot g'(x)}$$

La demostración utiliza la definición de derivada y la composición de funciones:

$$(f \circ g)'(x) = \lim_{h \to 0} \frac{(f \circ g)(x+h) - (f \circ g)(x)}{h} = \lim_{h \to 0} \frac{f(g(x+h)) - f(g(x))}{h}$$

Si, $g(x+h) - g(x) \neq 0$, esta última expresión puede escribirse como:

$$= \lim_{h \to 0} \frac{f(g(x+h)) - f(g(x))}{g(x+h) - g(x)} \cdot \frac{g(x+h) - g(x)}{h} =$$

$$= \lim_{h \to 0} \frac{f(g(x+h)) - f(g(x))}{g(x+h) - g(x)} \cdot \lim_{h \to 0} \frac{g(x+h) - g(x)}{h} = f'(g(x)) \cdot g'(x)$$

Un ejemplo: La derivada del cuadrado de una función Se aplica la definición de derivada a la función $F(x) = [f(x)]^2$. Como f es derivable también ha

$$F'(x) = \lim_{h \to 0} \frac{F(x+h) - F(x)}{h} = \lim_{h \to 0} \frac{f^2(x+h) - f^2(x)}{h}$$

El numerador es una diferencia de cuadrados, y se escribe como suma por diferencia.

$$\lim_{h \to 0} \frac{(f(x+h) + f(x))(f(x+h) - f(x))}{h}$$

Reescribiendo esta última fracción y aplicando las propiedades de los límites...

$$\lim_{h \to 0} (f(x+h) + f(x)) \cdot \lim_{h \to 0} \frac{f(x+h) - f(x)}{h} = 2f(x)f'(x)$$

6.1. Aplicación sucesiva de la regla de la cadena

Si una función se obtiene por composición de tres o más funciones, para obtener su derivada se aplica la asociatividad de la composición y la regla de la cadena. Por ejemplo si $j(x) = (f \circ g \circ h)(x)$, su derivada se calculará como:

$$j'(x) = (f \circ g \circ h)'(x) = f'((g \circ h)(x)) \cdot g'(h(x)) \cdot h'(x)$$

Ejercicio resuelto 6.2

Calcula la derivada de la función $g(x) = \dfrac{3x+2}{(x+1)^2}$

Como se trata de un cociente de funciones, aplicamos la regla de derivación correspondiente.

$$g'(x) = \frac{(3x+2)'(x+1)^2 - (3x+2)\left((x+1)^2\right)'}{(x+1)^4} =$$

$$= \frac{3(x+1)^2 - (3x+2) \cdot 2(x+1)}{(x+1)^4} = \frac{3(x+1) - 2(3x+2)}{(x+1)^3} = \frac{-3x-1}{(x+1)^3}$$

Ejercicio resuelto 6.3

Calcula las derivada de la función $f(x) = (3x^3 - x^2)^4$

Una función elevada a una potencia: $f'(x) = 4 \cdot (3x^3 - x^2)^3 \cdot (9x^2 - 2x)$.

Ejercicio resuelto 6.4

Completa la siguiente tabla.

x	$f(x)$	$g(x)$	$f'(x)$	$g'(x)$	$(f \circ g)(x)$	$(f \circ g)'(x)$
-1	2	0	-1	4		
0	0	-1	-3	2		

Aplicando la regla de composición de funciones, será $(f \circ g)(x) = f(g(x))$. Por tanto, $(f \circ g)(0) = f(g(0)) = f(-1) = 2$, y $(f \circ g)(-1) = f(g(-1)) = f(0) = 0$. Con la regla de la cadena se tiene $(f \circ g)(x)' = f'(g(x)) \cdot g'(x)$, luego, $(f \circ g)'(-1) = f'(g(-1))g'(-1) = f'(0) \cdot g'(-1) = -3 \cdot 4 = -12$ y $(f \circ g)'(0) f'(g(0)) \cdot g'(0) = f'(-1) \cdot g'(0) = -1 \cdot 2 = -2$.

Ejercicios

17. Completa la siguiente tabla.

x	$f(x)$	$g(x)$	$f'(x)$	$g'(x)$	$(f \circ g)(x)$	$(f \circ g)'(x)$
0	1	1	2	5		
1	4	3	0	1		
2	-1	2	-1	3		
3	2	0	4	2		

18. Sea la función $f(x) = \sin(e^x)$. Calcula la derivada de la función $(f \circ f)(x)$.

19. Dadas las funciones $f(x) = \sqrt[3]{x^2 + x + 1}$ y $g(x) = \ln(x+8)$, escribe la función $g \circ f$ y calcula su derivada.

20. Sean $f(x) = x^2 + x$ y $g'(x) = 2x$. Calcula $(g \circ f)'(-1)$ y $(g \circ f)'(2)$.

21. Aplicando la regla de la cadena, calcula las derivadas de las siguientes funciones.

    (a) $f(x) = (x-1)^5$

    (b) $f(x) = (3x+2)^4$

    (c) $f(x) = (x^3 - 2x^2 + x - 3)^6$

    (d) $f(x) = (2x^2 - 1)(x^3 + 4x - 2)^4$

    (e) $f(x) = \dfrac{(x^3 + 2x)^4 - 1}{(x^3 + 2x)^3}$

    (f) $f(x) = \left(\dfrac{3x-4}{x}\right)^2$

    (g) $f(x) = (x^2 + 1)^2$

    (h) $f(x) = (1 + 3x - 5x^2)^{30}$

    (i) $f(x) = \left(\dfrac{ax+b}{c}\right)^3$

    (j) $f(x) = (2a + 3bx)^2$

    (k) $f(x) = (3 + 2x^2)^4$

(l) $f(x) = \dfrac{x^8}{8(1-x^2)^4}$

(m) $f(x) = \dfrac{x^3}{3\sqrt{(1+x^2)^3}}$

(n) $f(x) = \left(\dfrac{x}{x^2+1}\right)^{\frac{2}{3}}$

(ñ) $f(x) = \sqrt[3]{2x-1} + \left(\dfrac{1}{x}\right)^{-3}$

(o) $f(x) = x^{\frac{1}{3}} - (x^2+1)^{-\frac{2}{5}} + \sqrt[3]{(x-1)^2}$

22. Aplicando la regla de la cadena, calcula las derivadas de las siguientes funciones.

(a) $f(x) = x^4(a - 2x^3)^2$

(b) $f(x) = \dfrac{(x+2)^2}{(x+1)^3(x+3)^4}$

(c) $f(x) = 9(2x^2 - 1)^3$

(d) $f(x) = \left(\dfrac{x+3}{x-1}\right)^3$

(e) $f(x) = \left(x^3 + x^2 + x + 5\right)^5$

(f) $f(x) = \left(2x^3 - 4x^2 + 7\right)^4$

(g) $f(x) = \left(2x^4 - 6x^2 + 5\right)^2$

(h) $f(x) = (8x^3 + 4)^8$

(i) $f(x) = \left(\dfrac{a + bx^n}{a - bx^n}\right)^m$

(j) $f(x) = \dfrac{(5-x)^2}{3x-1}$

(k) $f(x) = \left(\dfrac{3x-2}{7-9x}\right)^2$

(l) $f(x) = (3x^3 - 5x + 2)^3$

(m) $f(x) = (x^5 - 2x^2)^4$

(n) $f(x) = (x^2 + 3x - 2)^4$

(ñ) $f(x) = (2x - \tfrac{1}{2})^3$

(o) $f(x) = (x^2 + 1)^7$

7 Derivadas de funciones elementales.

7.1. Derivada de la función potencial.

En las secciones anteriores se demostró que si $f(x) = x^n$, entonces $f'(x) = nx^{n-1}$ siempre que n fuese un número entero. Para $n > 0$, este resultado se deducía aplicando el binomio de Newton, y para $n < 0$, utilizando la derivada del cociente.

La propiedad anterior es extensible a potencias $(f(x))^p$ con $p \in \mathbb{R}$. De hecho, es fácilmente demostrable, mediante una aplicación de la regla de la cadena que es una función derivable y, además,

$$[(f(x))^p]' = p(f(x))^{p-1} \cdot f'(x)$$

En particular, dada una función f, derivable en un punto x, la función $\sqrt[n]{f(x)}$ es derivable en x y, además,

$$[\sqrt[n]{f(x)}]' = \frac{f'(x)}{n\sqrt[n]{(f(x))^{n-1}}}$$

Ejercicio resuelto 7.1

Vamos a calcular la derivada de $f(x) = x^{-n}$ con n natural.

$f(x) = x^{-n} = \frac{1}{x^n}$. Es el cociente de un número entre una función, y, por tanto, la derivada es: $f'(x) = \frac{-x^{n-1}}{(x^n)^2} = -\frac{n}{x^{n+1}}$.

Este resultado se puede escribir como $f'(x) = -nx^{n-1}$, de donde se comprueba que la expresión de la derivada de una potencia $f(x) = x^p$, $f'(x) = px^{p-1}$ es válida también para el caso de p entero negativo.

Ejercicio resuelto 7.2

Encuentra una fórmula para hallar la derivada de $F(x) = \dfrac{1}{f(x)}$.

$F(x)$ es una función compuesta. En efecto, si $g(x) = \dfrac{1}{x}$, entonces: $F(x) = (g \circ f)(x)$ y, por tanto, aplicando la regla de la cadena y el resultado del ejercicio anterior: $F'(x) = g'(f(x)) \cdot f'(x) = \dfrac{1}{(f(x))^2}$.

$f'(x) = \dfrac{-f'(x)}{(f(x))^2}$. Utilizando la derivada del cociente se llega al mismo resultado.

Ejercicio resuelto 7.3

Deduce la derivada de la raíz cuadrada de una función.

Como $(\sqrt{f})^2 = f$, será $\left[(\sqrt{f})^2\right]' = f'$, o sea, $2\sqrt{f}(\sqrt{f})' = \dfrac{f'}{2\sqrt{f}}$.

Ejercicio resuelto 7.4

Calcula la derivada de:

a) $f(x) = x\sqrt{2x^2 + 3x - 1}$

(b) $f(x) = \sqrt[3]{\dfrac{x+1}{x^2+1}}$

(c) $f(x) = [(\sqrt{x}+1)\cdot(x+2)]^2$

(d) $f(x) = (\sqrt{3x-2}+5)^3$

(a) Como se trata de un producto de funciones, aplicamos la regla de derivación correspondiente.

$$f'(x) = (x)'\sqrt{2x^2+3x-1} + x\left(\sqrt{2x^2+3x-1}\right)' =$$
$$= 1\cdot\sqrt{2x^2+3x-1} + x\dfrac{4x+3}{2\sqrt{2x^2+3x-1}} =$$
$$= \sqrt{2x^2+3x-1} + \dfrac{4x^2+3x}{2\sqrt{2x^2+3x-1}} = \dfrac{8x^2+9x-2}{2\sqrt{2x^2+3x-1}}$$

(b) La función f se puede escribir como $f(x) = \left(\dfrac{x+1}{x^2+1}\right)^{\frac{1}{3}}$ con lo que la derivada resulta:

$$f'(x) = \dfrac{1}{3}\left(\dfrac{x+1}{x^2+1}\right)^{\frac{1}{3}-1} \cdot \left(\dfrac{(x^2+1)-(x+1)\cdot 2x}{(x^2+1)^2}\right) =$$
$$= \dfrac{1}{3\sqrt[3]{\left(\dfrac{x+1}{x^2+1}\right)^2}} \cdot \dfrac{-x^2+2x+1}{(x^2+1)^2} = \dfrac{-x^2+2x+1}{3(x^2+1)^2\sqrt[3]{\left(\dfrac{x+1}{x^2+1}\right)^2}}$$

(c) $f'(x) = 2\cdot[(\sqrt{x}+1)\cdot(x+2)] \cdot \left[\dfrac{1}{2\sqrt{x}}(x+2) + \sqrt{x}+1\right]$

(d) Se puede escribir $j(x) = (f\circ g\circ h)(x)$, con $f(x) = x^3$, $g(x) = \sqrt{x}+5$ y $h(x) = 3x-2$. Por tanto, la derivada será

$$f'(x) = 3\left(\sqrt{3x-2}+5\right)^2 \cdot \left(\dfrac{1}{2\sqrt{3x-2}}\right)\cdot 3 = \dfrac{9\left(\sqrt{3x-2}+5\right)^2}{2\sqrt{3x-2}}$$

Ejercicios

23. Halla la derivada de estas funciones con potencias negativas

(a) $f(x) = x^{-6}$

(b) $f(x) = x^{-3}$

(c) $f(x) = x^{-9}$

(d) $f(x) = 3x^{-6}$

(e) $f(x) = \dfrac{1}{x^5}$

(f) $f(x) = \dfrac{1}{x^4}$

(g) $f(x) = \frac{1}{x}$

(h) $f(x) = \frac{4}{x}$

(i) $f(x) = \frac{7}{x}$

(j) $f(x) = \frac{-2}{x}$

24. Halla la derivada de estas funciones con potencias fraccionarias

    (a) $f(x) = x^{\frac{7}{2}}$

    (b) $f(x) = x^{\frac{4}{3}}$

    (c) $f(x) = x^{\frac{8}{3}}$

    (d) $f(x) = 5x^{\frac{9}{2}}$

    (e) $f(x) = x^{\frac{-3}{5}}$

    (f) $f(x) = x^{\frac{-7}{3}}$

    (g) $f(x) = 4x^{\frac{-3}{7}}$

    (h) $f(x) = \frac{1}{x^{\frac{3}{2}}}$

    (i) $f(x) = \frac{1}{x^{\frac{5}{3}}}$

    (j) $f(x) = \frac{1}{x^{\frac{3}{4}}}$

    (k) $f(x) = \frac{5}{x^{\frac{2}{7}}}$

    (l) $f(x) = \sqrt{x}$

    (m) $f(x) = \dfrac{x^{-2} + x^5 - 6}{x^4 + x^3}$

25. Halla la derivada de estas funciones con raíces

    (a) $f(x) = 3\sqrt{x}$

    (b) $f(x) = -4\sqrt{x}$

    (c) $f(x) = \sqrt[3]{x}$

    (d) $f(x) = \sqrt[4]{x^3}$

    (e) $f(x) = \sqrt[5]{x^6}$

    (f) $f(x) = 3\sqrt[5]{x}$

(g) $f(x) = 2\sqrt[5]{x^3}$

(h) $f(x) = 2\sqrt[3]{x^7}$

(i) $f(x) = \frac{1}{\sqrt{x}}$

(j) $f(x) = \frac{1}{\sqrt[4]{x}}$

(k) $f(x) = \frac{1}{\sqrt{x^3}}$

(l) $f(x) = \frac{1}{\sqrt[3]{x^2}}$

(m) $f(x) = \frac{1}{\sqrt[3]{x^7}}$

(n) $f(x) = \frac{3}{\sqrt{x}}$

(ñ) $f(x) = \frac{5}{\sqrt[6]{x}}$

(o) $f(x) = \frac{3}{\sqrt{x^5}}$

(p) $f(x) = \frac{4}{\sqrt[5]{x^2}}$

(q) $f(x) = \frac{5}{\sqrt[3]{x^8}}$

26. Halla la derivada de estas sumas de funciones

(a) $f(x) = x^{\frac{1}{2}} + 4x^{\frac{2}{3}} + 7x + 3$

(b) $f(x) = 4x^{-5} + 6x^{\frac{3}{2}} + 3x^{-\frac{5}{2}} + 3$

(c) $f(x) = \frac{8}{3}x^4 + \frac{5}{3}x^{\frac{2}{3}} + 5x^{-\frac{2}{5}} - 13$

(d) $f(x) = \sqrt[3]{x} + 2\sqrt{x}$

(e) $f(x) = \sqrt[4]{x} - 3\sqrt[3]{x^2} + x + 1$

(f) $f(x) = 3\sqrt[5]{x} + \sqrt[4]{x^3} - x^2 - 2x$

(g) $f(x) = \frac{3}{x^5} + \sqrt{3}$

(h) $f(x) = \dfrac{1}{x} - 1$

(i) $f(x) = \dfrac{1}{x^3} - \dfrac{1}{x^2}$

(j) $f(x) = \dfrac{3}{x^4} - \dfrac{2}{x^2} + 3$

(k) $f(x) = \dfrac{3}{x^3} - \dfrac{2}{x^2} + \dfrac{1}{x} - 1$

27. Halla las derivadas de las siguientes funciones.

(a) $f(x) = \sqrt{\sqrt[4]{x}x^2}$

(b) $f(x) = \dfrac{x}{\sqrt[5]{x^3}}$

(c) $f(x) = x^{-4}$

(d) $f(x) = \dfrac{1}{\sqrt{x}}$

(e) $f(x) = \dfrac{5}{x^5}$

(f) $f(x) = \dfrac{5}{x^5} + \dfrac{3}{x^2}$

(g) $f(x) = \dfrac{1}{x\sqrt{x}}$

(h) $f(x) = \sqrt[3]{x^2} + \sqrt{x}$

(i) $f(x) = \dfrac{1}{(x^2+x+1)^5}$

(j) $f(x) = \sqrt{\sqrt{\sqrt{x}}}$

(k) $f(x) = \sqrt{(x^3+2)^5}$

(l) $f(x) = (1-x^{\frac{2}{3}})^{\frac{3}{2}}$

(m) $f(x) = \dfrac{x^8}{8(1-x^2)^4}$

(n) $f(x) = \dfrac{x}{a^2\sqrt{a^2+x^2}}$

(ñ) $f(x) = \sqrt{x-2}$

(o) $f(x) = \sqrt[5]{3x+1}$

(p) $f(x) = \dfrac{1}{x} - \sqrt[3]{x} - \dfrac{x}{\sqrt[6]{x^4+1}}$

(q) $f(x) = \sqrt[4]{\dfrac{x^2}{x^2+1}}$

(r) $f(x) = \dfrac{\sqrt{x^2}}{x-5}$

(s) $f(x) = (3x^2-x)^{-4}$

(t) $f(x) = \sqrt{3x^2-\sqrt{5x}}$

(u) $f(x) = (x^4 + x^2 - 3)^{-2}$

(v) $f(x) = \sqrt{1-x^4}$

(w) $f(x) = \dfrac{x^5 \cdot \sqrt{x}}{x^{-3} \cdot (x^2)^5}$

(x) $f(t) = \sqrt{x^9} \cdot 4x^5$

(y) $f(x) = \sqrt{12x}$

28. Dada la función $f(x) = \sqrt[3]{5x+3}$,

    (a) Calcula $f'(1)$.

    (b) Obtén $f^{-1}(x)$ y su derivada $\left(f^{-1}\right)'(x)$.

    (c) Calcula $\left(f^{-1}\right)'(f(1))$ y comparalo con $f'(1)$.

    ¿Obtienes el resultado esperado?

29. Utilizando las reglas de derivación de operaciones y la regla de la cadena, halla las derivadas de las funciones siguientes.

    (a) $f(x) = \sqrt{x^3 - x}$

    (b) $f(x) = \left(\dfrac{\sqrt{x}}{2x-1}\right)^3$

    (c) $f(x) = (x^2 - 1)\sqrt{5x-4}$

(d) $f(x) = \sqrt{(3x-5)^5 - 1}$

(e) $f(x) = \left(\sqrt{x^2 - x}\right)^3$

(f) $f(x) = \dfrac{\pi}{x} + \ln 2$

(g) $f(x) = 2x^{\frac{2}{3}} - 2x^{\frac{5}{2}} + x^{-3}$

(h) $f(x) = x^2 \sqrt[3]{x^2}$

(i) $f(x) = \dfrac{a}{\sqrt[3]{x^2}} - \dfrac{b}{x\sqrt[3]{x}}$

(j) $f(x) = \dfrac{1 + \sqrt{x}}{1 - \sqrt{x}}$

(k) $f(x) = \dfrac{2}{2x - 1} - \dfrac{1}{x}$

(l) $f(x) = \dfrac{3}{56(2x-1)^7} - \dfrac{1}{24(2x-1)^6}$

(m) $f(x) = \sqrt{1 - x^2}$

(n) $f(x) = \sqrt[3]{a + bx^3}$

(ñ) $f(x) = \left(a^{\frac{2}{3}} - x^{\frac{2}{3}}\right)^{\frac{2}{3}}$

(o) $f(x) = -\dfrac{11}{2(x-2)^2} - \dfrac{4}{x-2}$

(p) $f(x) = \left(4x^3 + 3x - 4\right)^{-5}$

(q) $f(x) = \left(-3x^6 + 2\right)^{-7}$

(r) $f(x) = \left(4x^2 + 5x + 1\right)^{\frac{2}{3}}$

(s) $f(x) = \left(x^3 - 4x^2 + 5x + 3\right)^{-\frac{2}{5}}$

(t) $f(x) = \sqrt{\dfrac{x+1}{x^2}}$

(u) $f(x) = \dfrac{\sqrt{x^2 - 3}}{x}$

(v) $f(x) = x\sqrt{x^2 - 1}$

(w) $f(x) = (2x - 4)^4 + \sqrt{x^2 - 1}$

(x) $f(x) = \left(\sqrt{x}(x-3)\right)^2$

(y) $f(x) = \dfrac{\sqrt{x} + x}{x^2}$

30. Utilizando las reglas de derivación de operaciones y la regla de la cadena, halla las derivadas de las funciones siguientes.

    (a) $f(x) = \dfrac{x}{\sqrt{x} - 1}$

(b) $f(x) = \sqrt[5]{x^2} - 3\sqrt[4]{x^3}$

(c) $f(x) = \dfrac{4}{(2x^3-1)^7}$

(d) $f(x) = \sqrt[4]{5x-8}$

(e) $f(x) = (3\sqrt{4x^2-9})^6$

(f) $f(x) = \sqrt[5]{(2x+7)^{\frac{13}{2}}}$

(g) $f(x) = \sqrt[4]{x^5} - \dfrac{1}{\sqrt[3]{x^4}}$

(h) $f(x) = \dfrac{3}{4}x^{\frac{2}{5}} - \dfrac{1}{2}x^{-\frac{2}{3}}$

(i) $f(x) = \sqrt{\dfrac{x(x-1)}{x-2}}$

(j) $f(x) = x\sqrt[3]{\dfrac{x^2}{x^2+1}}$

(k) $f(x) = \dfrac{(x-2)^9}{\sqrt{(x-1)^5(x-3)^{11}}}$

(l) $f(x) = \sqrt{1+x^4}$

(m) $f(x) = \sqrt{\dfrac{x+1}{x-1}}$

(n) $f(x) = \sqrt{\dfrac{a+bx}{a-bx}}$

(ñ) $f(x) = -\dfrac{15}{4(x-3)^4} - \dfrac{10}{3(x-3)^3}$

(o) $f(x) = \dfrac{\sqrt{2x^2 - 2x + 1}}{x}$

(p) $f(x) = \dfrac{3}{2}\sqrt[3]{x^2} + \dfrac{18}{7}\sqrt[6]{x} - \dfrac{9}{5}x\sqrt[3]{x^2}$

(q) $f(x) = \dfrac{1}{8}\sqrt[3]{(1+x^3)^8} - \dfrac{1}{5}\sqrt[3]{(1+x^3)^5}$

(r) $f(x) = \dfrac{4}{3}\sqrt[4]{\dfrac{x-1}{x+2}}$

(s) $f(x) = \dfrac{9}{5(x+2)^5} - \dfrac{3}{(x+2)^4} + \dfrac{2}{(x+2)^3}$

(t) $f(x) = (a+x)\sqrt{a-x}$

(u) $f(x) = \sqrt{(x+a)(x+b)(x+c)}$

(v) $f(x) = \sqrt[3]{x + \sqrt{x}}$

(w) $f(x) = (2x+1)(3x+2)\sqrt[3]{3x+2}$

(x) $f(x) = \dfrac{1}{\sqrt{2ax - x^2}}$

(y) $f(x) = \dfrac{\sqrt{x}\sqrt[3]{3x}}{2\sqrt[5]{3x^2}} e^4$

8 La recta tangente.

Vamos a utilizar lo que sabemos sobre derivadas para aplicarlo al cálculo de la ecuación de la recta tangente a la gráfica de una función f es un punto x_0.

Dada una función f y un punto x_0 del dominio de f, de forma que $f(x_0) = y_0$, la ecuación de la recta tangente a la función en este punto sigue la ecuación

$$y = y_0 + m \cdot (x - x_0)$$

donde m es la pendiente de la gráfica de f en x_0, es decir,

$$y = y_0 + f'(x_0) \cdot (x - x_0) \tag{1}$$

Ejercicio resuelto 8.1

Supongamos que queremos encontrar la ecuación de la recta tangente a la función $f(x) = x^3 - 4x^2 + 1$ en el punto de abscisa $x_0 = 2$.

Tenemos que $f(2) = -7$, por lo que la función pasa por el punto $(x_0, y_0) = (2, -7)$. Por otra parte, $f'(x) = 3x^2 - 8x$, por lo que $f'(2) = -4$, así, sustituyendo en (1), obtenemos

$$y = -7 + (-4) \cdot (x - 2) = -7 - 4x + 8 = -4x + 1$$

La pendiente de la tangente a una curva en un punto se calcula obteniendo un límite, la derivada. Si este límite no existe, significa que no hay recta tangente en ese punto. Si los límites laterales son ambos $+\infty$ o $-\infty$, la tangente es vertical.

Ejercicios

31. Halla la ecuación de la recta tangente a la curva $f(x) = x^2 + x$ en $x = 2$

32. Calcula la ecuación de la recta tangente a la curva $f(x) = x^3$ en $x = 0$

33. Hallar la ecuación de la recta tangente a la parábola $y = x^2 - 5x + 6$ paralela a la recta de ecuación $3x + y - 2 = 0$

34. Dada la parábola $f(x) = x^2 - 2x + 5$ y la recta secante a ella por los puntos de abscisas $x = 1$ y $x = 3$, hallar la ecuación de la tangente a la parábola que sea paralela a la recta secante dada.

35. Dibuja la gráfica de $f(x) = x^2 - |x|$. ¿Crees que tiene tangente en el origen? Intenta obtener $f'(0)$.

36. Halla los puntos de la gráfica de la función $y = x^3 - 3x$ en los que la recta tangente es horizontal.

37. Sea la función $f(x) = x^2 + 2x + 1$:

    (a) Encontrar las ecuaciones de las rectas tangentes y normal a dicha curva en el punto $x = 2$.

    (b) Los puntos donde la recta tangente a dicha función es paralela a la recta $y = x$.

38. Dada la función $f(x) = x^3 - 27x + 1$

    (a) Encontrar las ecuaciones de las rectas tangentes y normal a dicha curva en el punto $x = 2$.

(b) Los puntos donde la recta tangente a dicha función es paralela al eje OX.

39. Halla la ecuación de la recta tangente a la curva $f(x) = x^3 + 1$ en el punto $P = (1,2)$

40. La tangente a una curva en un punto ¿puede cortar a la curva en otro? Si la respuesta es afirmativa, poner un ejemplo.

41. Determinar los puntos de la curva $y = x^3 - 12x$ en los que la recta tangente es paralela al eje de abscisas OX y obtener la ecuación de dichas rectas tangentes.

42. Hallar los puntos de la curva $y = x^3 - 2x + 2$ en los que la tangente es paralela a la bisectriz del primer cuadrante. Obtener las ecuaciones de dichas rectas tangentes.

43. Escribe las ecuaciones de las rectas tangentes a $y = \dfrac{4}{x}$ en los puntos de abscisas $x = 1, x = 2$ y $x = 4$.

44. Escribe las ecuaciones de las rectas tangentes a $y = \sqrt{x}$ en los puntos de abscisa $x = 1$ y $x = -1$.

45. Dibuja la parábola $f(x) = x^2 - 5x + 8$, ¿en qué punto de la gráfica la tangente es paralela a la bisectriz del primer y tercer cuadrante?

46. ¿En qué punto de la gráfica de la función $f(x) = x^2 - 6x + 8$ la tangente es paralela al eje de abscisas?

47. Halla la pendiente de la recta tangente a la curva $f(x) = x^2 + x + 1$ en el punto en el que $x = 2$. escribe la ecuación de la recta tangente.

48. Escribe las ecuaciones de las rectas tangentes a la función $f(x) = x^2 - 6x + 8$ en los puntos en que esta parábola corta a los ejes coordenados.

49. Calcula la ecuación de la recta tangente a la parábola $y = x^2$ trazada desde el punto $P(0, -1)$.

50. Halla en qué puntos de la curva $y = x^3 - 5x^2 + 3x - 2$ la recta tangente es horizontal y calcula, en cada caso, la ecuación de dicha tangente.

51. En cada caso, calcula las ecuaciones de las rectas tangentes, y normales a las curvas para $x = 1$.

   (a) $f(x) = x^2 - 4$

   (b) $f(x) = \dfrac{2}{x - 5}$

52. Aplicando la definición de derivada, obtén la ecuación de la recta tangente a la gráfica de $f(x) = \dfrac{1}{x}$ en el punto $P\left(2, \tfrac{1}{2}\right)$. Dibuja en un mismo sistema de ejes la curva y la tangente obtenida.

53. Halla la ecuación de la recta paralela a $y = x - 2$ que es tangente a la parábola $y = 4x^2 - 5x + 3$.

54. Sean las funciones $f(x) = \dfrac{x-2}{x+2}$ y $g(x) = x^2 + x - 1$. Halla las ecuaciones de las rectas tangentes a dichas funciones en el punto de abscisa $x = 0$. Comenta el resultado obtenido.

55. Determina la ecuación de la recta tangente a la gráfica de $f(x) = \dfrac{6}{\sqrt[3]{x^2+4}}$, en el punto $x = 2$.

56. Dibuja la gráfica de $y = \dfrac{1}{x}$ y dibuja también las rectas tangentes en sus puntos de abscisas $x = 1$ y $x = -1$. ¿Cómo son?. Compruébalo encontrando sus ecuaciones.

57. Halla un punto de la curva $y = \dfrac{3\sqrt[3]{x^2}}{2}$ en el que la recta tangente forme un angulo de 45° con la horizontal.

58. Se llama recta normal a una curva en un punto de la misma a la perpendicular a la tangente a la curva en dicho punto. Calcula la recta normal a la gráfica $y = \ln x$ en el punto de abscisas $x = \tfrac{1}{2}$.

59. Dada la función polinómica de segundo grado $y = ax^2 + bx + c$, determinar los coeficientes a, b y c si se sabe que la gráfica de esta función pasa por los puntos $A(1, 2)$ y $B(2, 6)$ y que en este último punto la recta tangante a la curva tiene como ecuación $7x - y - 8 = 0$

60. Calcula utilizando la definición de derivada en un punto, $f'(4)$, siendo $f(x) = \dfrac{1}{3x-2}$. ¿Cuál es la pendiente de la curva $f(x) = \dfrac{1}{3x-2}$ en el punto de abscisa $x=4$? Encuentra la ecuación de la tangente en ese punto.

61. Obtén la ecuación de la recta tangente a las siguientes curvas en los puntos indicados y dibújalas, junto con la recta obtenida en cada caso.

    (a) $f(x) = x^3$, en el punto $P(1,1)$

    (b) $f(x) = x^2 + 5x - 2$, para $x = -2$

    (c) $f(x) = \sqrt{x+2}$, para $x = 2$.

62. ¿Existe algún punto en la gráfica de $y = \sqrt[5]{x}$ en el que la tangente sea paralela a la recta $3x - y = 0$?

63. Si $f'(0) = 2$, $g'(0) = -1$, $f(0) = 7$, $g(0) = 3$, calcula la pendiente de la tangente en el punto de abscisa 0 de las siguientes funciones.

    (a) $s(x) = 2f(x) - 3g(x)$ (b) $p(x) = f(x)g(x)$

Soluciones

1. (a) $\frac{\sqrt{h+4}-2}{h}$. (b) $\frac{1}{4}$ (c) $\frac{1}{4}$

2. -7.

3. 1.

4.

x	0	1	0,5	0,3	0,1	$-0,1$
$f(x) = 2^x$	1	2	1,414213562	1,231144413	1,071773463	0,9330329915

$TVM_{[0;0,5]} = 0,8284271247$, $TVM_{[0;0,3]} = 0,7704813767$, $TVM_{[0;0,1]} = 0,71773463$ y $TVM_{[-0,1;0]} = 0,669670085$. Una aproximación para la tasa de variación instantanea en $x = 0$ sería $0,7$.

5. $TVI(1000) = \lim_{h \to 0} \frac{\frac{4}{3}(1000+h)^3 - \frac{4}{3}1000^3}{h} = \frac{8000000}{3}$

6. (a) $\lim_{h \to 0} \frac{2(-1+h)^2 - 3(-1+h) - (2(-1)^2 - 3(-1))}{h} = \lim_{h \to 0} \frac{2 - 4h + 2h^2 + 3 - 3h - 2 - 3}{h} = \lim_{h \to 0} \frac{-7h + 2h^2}{h} = \lim_{h \to 0} -7 + 2h = -7$ y
$\lim_{h \to 0} \frac{2(2+h)^2 - 3(2+h) - (2(2)^2 - 3(2))}{h} = \lim_{h \to 0} \frac{8 + 8h + 2h^2 - 6 - 3h - 8 + 6}{h} = \lim_{h \to 0} \frac{5h + 2h^2}{h} = \lim_{h \to 0} 5 + 2h = 5$

   (b) $\lim_{h \to 0} \frac{(0+h)^3 + (0+h) - 5 - (0^3 + 0 - 5)}{h} = \lim_{h \to 0} \frac{h^3 + h - 5 + 5}{h} = \lim_{h \to 0} \frac{h^3 + h}{h} = \lim_{h \to 0} h^2 + 1 = 1$ y $\lim_{h \to 0} \frac{(5+h)^3 + (5+h) - 5 - (5^3 + 5 - 5)}{h} = $
$\lim_{h \to 0} \frac{125 + 75h + 15h^2 + h^3 + 5 + h - 5 - 125 - 5 + 5}{h} = \lim_{h \to 0} \frac{75h + 15h^2 + h^3 + h}{h} = \lim_{h \to 0} 76 + 15h + h^2 = 76$

   (c) $\lim_{h \to 0} \frac{(-2+h)^2 - 5 - ((-2)^2 - 5)}{h} = \lim_{h \to 0} \frac{4 - 4h + h^2 - 5 - 4 + 5}{h} = \lim_{h \to 0} \frac{h^2 - 4h}{h} = \lim_{h \to 0} h - 4 = -4$ y $\lim_{h \to 0} \frac{(2+h)^2 - 5 - (2^2 - 5)}{h} = $
$\lim_{h \to 0} \frac{4 + 4h + h^2 - 5 - 4 + 5}{h} = \lim_{h \to 0} \frac{h^2 + 4h}{h} = \lim_{h \to 0} h + 4 = 4$

7. (a) Usamos $TVM_{[2;2,02]} = \frac{0,059}{0,02} = 2,95$ y $TVM_{[1,97;2]} = \frac{0,095}{0,03} = 3,167$, por lo que $f'(2) \approx 3$.

   (b) Sí, ya que los valores en un entorno cercano a 4 son parecidos, por lo que las tasas de variación media antes y después de 4 serán similares.

8. (a) -14. (b) 34. (c) 0. (d) 23. (e) $\frac{5}{8}$.

9.
$$\lim_{h \to 0} \frac{f(x+h) - f(x)}{h} = \lim_{h \to 0} \frac{(x+h)^2 - 3(x+h) - (x^2 - 3x)}{h} = \lim_{h \to 0} \frac{x^2 + 2xh + h^2 - 3x - 3h - x^2 + 3x}{h} =$$
$$= \lim_{h \to 0} \frac{2xh + h^2 - 3h}{h} = \lim_{h \to 0} 2x + h - 3 = 2x - 3$$

10. (a)
$$\lim_{h \to 0} \frac{f(x+h) - f(x)}{h} = \lim_{h \to 0} \frac{5(x+h)^2 - 4(x+h) + 1 - (5x^2 - 4x + 1)}{h} =$$
$$= \lim_{h \to 0} \frac{5x^2 + 10xh + 5h^2 - 4x - 4h + 1 - 5x^2 + 4x - 1}{h} =$$
$$= \lim_{h \to 0} \frac{10xh + 5h^2 - 4h}{h} = \lim_{h \to 0} 10x + 5h - 4 = 10x - 4$$

(b)

$$\lim_{h \to 0} \frac{f(x+h)-f(x)}{h} = \lim_{h \to 0} \frac{\frac{1}{(x+h)^2+1} - \frac{1}{x^2+1}}{h} = \lim_{h \to 0} \frac{\frac{1}{x^2+2xh+h^2+1} - \frac{1}{x^2+1}}{h} =$$

$$= \lim_{h \to 0} \frac{\frac{x^2+1}{(x^2+2xh+h^2+1)(x^2+1)} - \frac{x^2+2xh+h^2+1}{(x^2+2xh+h^2+1)(x^2+1)}}{h} =$$

$$= \lim_{h \to 0} \frac{\frac{-2xh-x^2}{(x^2+2xh+h^2+1)(x^2+1)}}{h} = \lim_{h \to 0} \frac{-2xh-h^2}{h(x^2+2xh+h^2+1)(x^2+1)} =$$

$$= \lim_{h \to 0} \frac{-2x-h}{(x^2+2xh+h^2+1)(x^2+1)} = \frac{-2x}{(x^2+1)^2}$$

11. (a) $f'(x)=0$ (d) $f'(x)=0$ (g) $f'(x)=0$ (j) $f'(x)=0$
    (b) $f'(x)=0$ (e) $f'(x)=0$ (h) $f'(x)=0$ (k) $f'(x)=0$
    (c) $f'(x)=0$ (f) $f'(x)=0$ (i) $f'(x)=0$ (l) $f'(x)=0$

12. (a) $f'(x)=4x^3$ (b) $f'(x)=7x^6$ (c) $f'(x)=3x^2$ (d) $f'(x)=1$

13. (a) $f'(x)=40x^4$ (e) $f'(x)=\sqrt{2}$ (i) $f'(x)=\sqrt{2}$
    (b) $f'(x)=14x^6$ (f) $f'(x)=\frac{2}{5}$ (j) $f'(x)=-\frac{10x}{a}$
    (c) $f'(x)=4$ (g) $f'(x)=15x^2$
    (d) $f'(x)=-5$ (h) $f'(x)=-\frac{x}{4}$

14. (a) $f'(x)=3x^2+2x$ (j) $f'(x)=\frac{16x^3}{5} - \frac{6x^2}{7} + 8x$
    (b) $f'(x)=15x^2+6x+7$ (k) $f'(x)=\frac{6ax^5}{\sqrt{a^2+b^2}}$
    (c) $f'(x)=-6x^2+6x-6$ (l) $f'(x)=15x^4+16x^3-6x^2-10x+6$
    (d) $f'(x)=\frac{6}{5}x^2+\frac{1}{2}x+5$ (m) $f'(x)=3x^3-7x^2+9x+5$
    (e) $f'(x)=4x^3-3$ (n) $f'(x)=x\left(-10x^2+18x+1\right)$
    (f) $f'(x)=5x^4-12x^2+2$ (ñ) $f'(x)=-9x^2+8x+3$
    (g) $f'(x)=2ax+b$ (o) $f'(x)=9x^2-8x-3$
    (h) $f'(x)=-2x^3+2x-\frac{1}{3}$ (p) $f'(x)=-18x^2+16x+6$
    (i) $f'(x)=amx^{m-1}+b(n+m)x^{n+m-1}$ (q) $f'(x)=9x^2+8x-3$

15. (a) $f'(x)=24x^3+18x$ (e) $f'(x)=-6x^5+30x^4-20x^3+54x^2-12x$
    (b) $f'(x)=80x^4+48x^2-48x$ (f) $f'(x)=-12x+31$
    (c) $f'(x)=-24x^5+80x^4+80x^3+6x-12$ (g) $f'(x)=18x^2+22x+6$
    (d) $f'(x)=120x^4+80x^3-78x^2-50x-5$ (h) $f'(x)=24x^7-30x^5+5x^4+12x^3-10x+1$

16.

(a) $f'(x) = \frac{8x^4+42x^2-40x}{(4x^2+7)^2}$

(b) $f'(x) = \frac{12x^4-48x^2+40x}{(3x^2-4)^2}$

(c) $f'(x) = \frac{3(x^4+32x+18)}{x^4(4x+3)^2}$

(d) $f'(x) = \frac{-6x^2+24x+14}{(3x^2+7)^2}$

(e) $f'(x) = -\frac{1}{(x-3)^2}$

(f) $f'(x) = \frac{-x^2-5}{(x^2-5)^2}$

(g) $f'(x) = \frac{4x}{(x^2+1)^2}$

(h) $f'(x) = \frac{bc-ad}{(c+dx)^2}$

(i) $f'(x) = \frac{-2x^2-6x-5}{(x^2+5x+5)^2}$

(j) $f'(x) = \frac{4(10x^2-18x-1)}{x^3(5x^2-12x-1)^2}$

(k) $f'(x) = \frac{3x^2+4x}{(3x+2)^2}$

17.

x	$f(x)$	$g(x)$	$f'(x)$	$g'(x)$	$(f \circ g)(x)$	$(f \circ g)'(x)$
0	1	1	2	5	4	0
1	4	3	0	1	2	4
2	−1	2	−1	3	−1	−3
3	2	0	4	2	1	4

18. $(f \circ f)'(x) = \cos\left(e^{\sin(e^x)}\right) e^{\sin(e^x)+x} \cos(e^x)$.

19. $g \circ f = \ln\left(\sqrt[3]{x^2+x+1}+8\right)$; $(g \circ f)' = \frac{2x+1}{3\left(\sqrt[3]{x^2+x+1}+8\right)(x^2+x+1)^{\frac{2}{3}}}$.

20. $(g \circ f)'(-1) = -2$; $(g \circ f)'(2) = 10$.

21. (a) $f'(x) = 5(x-1)^4$

(b) $f'(x) = 4(3x+2)^3$

(c) $f'(x) = 6\left(x^3-2x^2+x-3\right)^5\left(3x^2-4x+1\right)$

(d) $f'(x) = 28x^{13} + 372x^{11} - 176x^{10} + 1760x^9 - 1656x^8 + 3712x^7 - 4704x^6 + 3696x^5 - 3520x^4 + 1280x^3 + 864x^2 - 704x + 128$

(e) $f'(x) = \frac{(3x^2+2)(x^{12}+8x^{10}+24x^8+32x^6+16x^4+3)}{(x^3+2x)^4}$

(f) $f'(x) = \frac{8(3x-4)}{x^3}$

(g) $f'(x) = 4x(x^2+1)$

(h) $f'(x) = 30\left(1+3x-5x^2\right)^{29}(-10x+3)$

(i) $f'(x) = \frac{3a(ax+b)^2}{c^3}$

(j) $f'(x) = 6b(2a+3bx)$

(k) $f'(x) = 16x\left(3+2x^2\right)^3$

(l) $f'(x) = \frac{x^7}{(1-x^2)^5}$

(m) $f'(x) = \frac{x^2}{\sqrt{(x^2+1)^3}(1+x^2)}$

(n) $f'(x) = \frac{2(-x^2+1)}{3\sqrt[3]{x}(x^2+1)^{\frac{5}{3}}}$

(ñ) $f'(x) = \frac{2}{3(2x-1)^{\frac{2}{3}}} + 3x^2$

(o) $f'(x) = \frac{1}{3x^{\frac{2}{3}}} + \frac{4x}{5(x^2+1)^{\frac{7}{5}}} + \frac{2}{3(x-1)^{\frac{1}{3}}}$

22. (a) $f'(x) = 40x^9 - 28ax^6 + 4a^2x^3$

(b) $f'(x) = -\frac{(x+2)(5x^2+19x+20)}{(x+1)^4(x+3)^5}$

(c) $f'(x) = 108x\left(2x^2-1\right)^2$

(d) $f'(x) = -\frac{12(x+3)^2}{(x-1)^4}$

(e) $f'(x) = 5\left(x^3+x^2+x+5\right)^4\left(3x^2+2x+1\right)$

(f) $f'(x) = 4\left(2x^3-4x^2+7\right)^3\left(6x^2-8x\right)$

(g) $f'(x) = 2\left(2x^4-6x^2+5\right)\left(8x^3-12x\right)$

(h) $f'(x) = 192x^2\left(8x^3+4\right)^7$

(i) $f'(x) = \frac{2abmnx^{n-1}(a+bx^n)^{m-1}}{(a-bx^n)^{m+1}}$

(j) $f'(x) = \frac{3x^2-2x-65}{(3x-1)^2}$

(k) $f'(x) = \frac{6(3x-2)}{(7-9x)^3}$

(l) $f'(x) = 3\left(3x^3-5x+2\right)^2\left(9x^2-5\right)$

(m) $f'(x) = 4\left(x^5-2x^2\right)^3\left(5x^4-4x\right)$

(n) $f'(x) = 4\left(x^2+3x-2\right)^3(2x+3)$

(ñ) $f'(x) = 6\left(4x^2-2x+\frac{1}{4}\right)$

(o) $f'(x) = 14x\left(x^2+1\right)^6$

23. (a) $f'(x) = -\frac{6}{x^7}$ (c) $f'(x) = -\frac{9}{x^{10}}$ (e) $f'(x) = -\frac{5}{x^6}$ (g) $f'(x) = -\frac{1}{x^2}$ (i) $f'(x) = -\frac{7}{x^2}$

    (b) $f'(x) = -\frac{3}{x^4}$ (d) $f'(x) = -\frac{18}{x^7}$ (f) $f'(x) = -\frac{4}{x^5}$ (h) $f'(x) = -\frac{4}{x^2}$ (j) $f'(x) = \frac{2}{x^2}$

24. (a) $f'(x) = \frac{7x^{\frac{5}{2}}}{2}$ (f) $f'(x) = -\frac{7}{3x^{\frac{10}{3}}}$ (j) $f'(x) = -\frac{3}{4x^{\frac{7}{4}}}$

    (b) $f'(x) = \frac{4\sqrt[3]{x}}{3}$ (g) $f'(x) = -\frac{12}{7x^{\frac{10}{7}}}$ (k) $f'(x) = -\frac{10}{7x^{\frac{9}{7}}}$

    (c) $f'(x) = \frac{8x^{\frac{5}{3}}}{3}$

    (d) $f'(x) = \frac{45x^{\frac{7}{2}}}{2}$ (h) $f'(x) = \frac{1}{x^{\frac{3}{2}}}$ (l) $f'(x) = \frac{1}{2\sqrt{x}}$

    (e) $f'(x) = -\frac{3}{5x^{\frac{8}{5}}}$ (i) $f'(x) = -\frac{5}{3x^{\frac{8}{3}}}$ (m) $f'(x) = \frac{x^8 + 2x^7 + 24x^3 + 18x^2 - 6x - 5}{(x^4 + x^3)^2}$

25. (a) $f'(x) = \frac{3}{2\sqrt{x}}$ (f) $f'(x) = \frac{3}{5\sqrt[5]{x^4}}$ (k) $f'(x) = \frac{3}{2\sqrt{x^5}}$ (o) $f'(x) = \frac{-15}{2\sqrt{x^7}}$

    (b) $f'(x) = -\frac{2}{\sqrt{x}}$ (g) $f'(x) = \frac{6}{5\sqrt[5]{x^2}}$ (l) $f'(x) = \frac{-2}{3\sqrt[3]{x^5}}$ (p) $f'(x) = \frac{-8}{5\sqrt[5]{x^7}}$

    (c) $f'(x) = \frac{1}{3x^{\frac{2}{3}}}$ (h) $f'(x) = 14\sqrt[3]{x^4}$ (m) $f'(x) = \frac{-7}{3\sqrt[3]{x^{10}}}$ (q) $f'(x) = \frac{-40}{3\sqrt[3]{x^{11}}}$

    (d) $f'(x) = \frac{3}{4\sqrt[4]{x}}$ (i) $f'(x) = -\frac{1}{2x^{\frac{3}{2}}}$ (n) $f'(x) = -\frac{3}{2x^{\frac{3}{2}}}$

    (e) $f'(x) = \frac{5}{6\sqrt[6]{x}}$ (j) $f'(x) = -\frac{1}{4x^{\frac{5}{4}}}$ (ñ) $f'(x) = -\frac{5}{6x^{\frac{7}{6}}}$

26. (a) $f'(x) = \frac{1}{2\sqrt{x}} + \frac{8}{3\sqrt[3]{x}} + 7$ (f) $f'(x) = \frac{3}{5}x^{-\frac{4}{5}} - \frac{3}{4}x^{-\frac{1}{4}} - 2x - 2$

    (b) $f'(x) = 9\sqrt{x} - \frac{20}{x^6} - \frac{15}{2x^{\frac{7}{2}}}$ (g) $f'(x) = -\frac{15}{x^6}$

    (c) $f'(x) = \frac{32x^3}{3} + \frac{10}{9\sqrt[3]{x}} - \frac{2}{x^{\frac{7}{5}}}$ (h) $f'(x) = -\frac{1}{x^2}$

    (d) $f'(x) = \frac{1}{3x^{\frac{2}{3}}} + \frac{1}{\sqrt{x}}$ (i) $f'(x) = -\frac{3}{x^4} + \frac{2}{x^3}$

    (e) $f'(x) = \frac{1}{4}x^{-\frac{3}{4}} - 2x^{-\frac{1}{3}} + 1$ (j) $f'(x) = \frac{4}{x^3} - \frac{12}{x^5}$

    (k) $f'(x) = \frac{4}{x^3} - \frac{9}{x^4} - \frac{1}{x^2}$

27. (a) $f'(x) = \frac{17}{8}x^{\frac{9}{8}}$ (n) $f'(x) = \frac{1}{(a^2+x^2)\sqrt{a^2+x^2}}$

    (b) $f'(x) = \frac{2}{5}x^{-\frac{3}{5}}$ (ñ) $f'(x) = \frac{1}{2\sqrt{x-2}}$

    (c) $f'(x) = -4x^{-5}$ (o) $f'(x) = \frac{3}{5(3x+1)^{\frac{4}{5}}}$

    (d) $f'(x) = \frac{1}{2\sqrt{x}}$

    (e) $f'(x) = \frac{-25}{x^6}$ (p) $f'(x) = -\frac{1}{x^2} - \frac{1}{3x^{\frac{2}{3}}} - \frac{x^4+3}{3(x^4+1)^{\frac{7}{6}}}$

    (f) $f'(x) = -\frac{25}{x^6} - \frac{6}{x^3}$ (q) $f'(x) = \frac{1}{2x^{\frac{1}{2}}(x^2+1)^{\frac{5}{4}}}$

    (g) $f'(x) = -\frac{3}{2x^{\frac{5}{2}}}$

    (h) $f'(x) = \frac{2}{3x^{\frac{1}{3}}} + \frac{1}{2x^{\frac{1}{2}}}$ (r) $f'(x) = -\frac{5}{(x-5)^2}$

    (i) $f'(x) = -\frac{5(2x+1)}{(x^2+x+1)^6}$ (s) $f'(x) = -\frac{4(6x-1)}{(3x^2-x)^5}$

    (j) $f'(x) = \frac{\sqrt{\sqrt{\sqrt{x}}}}{8x}$ (t) $f'(x) = \frac{12x\sqrt{x} - \sqrt{5}}{4\sqrt{x}\sqrt{3x^2 - \sqrt{5}\sqrt{x}}}$

    (u) $f'(x) = (x^4+x^2-3)^{-2}$

    (k) $f'(x) = \frac{15x^2(x^3+2)^{\frac{3}{2}}}{2}$ (v) $f'(x) = -\frac{2x^3}{\sqrt{1-x^4}}$

    (l) $f'(x) = \frac{\sqrt{1-x^{\frac{2}{3}}}}{\sqrt[3]{x}}$ (w) $f'(x) = -\frac{3}{2x^{\frac{5}{2}}}$

    (x) $f'(x) = 38x^{\frac{17}{2}}$

    (m) $f'(x) = \frac{x^7}{(1-x^2)^5}$ (y) $f'(x) = \sqrt{\frac{3}{x}}$

28. (a) $f'(1) = \frac{5}{12}$.
   (b) $f^{-1}(x) = \frac{x^3-3}{5}$; $\left(f^{-1}\right)'(x) = \frac{3x^2}{5}$.
   (c) $\left(f^{-1}\right)'(f(1)) = \frac{12}{5}$.

   Sí, al ser funciones inversas, ha de obtenerse el resultado inverso.

29. (a) $f'(x) = \frac{3x^2-1}{2\sqrt{x^3-x}}$
   (b) $f'(x) = \frac{3\sqrt{x}(-2x-1)}{2(2x-1)^4}$
   (c) $f'(x) = \frac{25x^2-16x-5}{2\sqrt{5x-4}}$
   (d) $f'(x) = \frac{1}{2\sqrt{(3x-5)^5-1}} \cdot 15(3x-5)^4$
   (e) $f'(x) = \frac{3(2x-1)\sqrt{x^2-x}}{2}$
   (f) $f'(x) = -\frac{\pi}{x^2}$
   (g) $f'(x) = \frac{4}{3\sqrt[3]{x}} - 5x^{\frac{3}{2}} - \frac{3}{x^4}$
   (h) $f'(x) = \frac{8x^{\frac{5}{3}}}{3}$
   (i) $f'(x) = -\frac{2a}{3x^{\frac{5}{3}}} + \frac{4b}{3x^{\frac{7}{3}}}$
   (j) $f'(x) = \frac{1}{\sqrt{x}(1-\sqrt{x})^2}$
   (k) $f'(x) = \frac{-4x+1}{x^2(2x-1)^2}$
   (l) $f'(x) = \frac{4x-5}{4(2x-1)^8}$
   (m) $f'(x) = -\frac{x}{\sqrt{1-x^2}}$
   (n) $f'(x) = \frac{bx^2}{(a+bx^3)^{\frac{2}{3}}}$
   (ñ) $f'(x) = \frac{4}{9\sqrt[3]{x}\sqrt[3]{a^{\frac{2}{3}}-x^{\frac{2}{3}}}}$
   (o) $f'(x) = \frac{4x+3}{(x-2)^3}$
   (p) $f'(x) = -\frac{5(12x^2+3)}{(4x^3+3x-4)^6}$
   (q) $f'(x) = \frac{126x^5}{(-3x^6+2)^8}$
   (r) $f'(x) = \frac{2(8x+5)}{3\sqrt[3]{4x^2+5x+1}}$
   (s) $f'(x) = -\frac{2(3x^2-8x+5)}{5(x^3-4x^2+5x+3)^{\frac{7}{5}}}$
   (t) $f'(x) = \frac{(-x-2)\sqrt{x+1}}{2x^3+2x^2}$
   (u) $f'(x) = \frac{3}{x^2\sqrt{x^2-3}}$
   (v) $f'(x) = \frac{2x^2-1}{\sqrt{x^2-1}}$
   (w) $f'(x) = 8(2x-4)^3 + \frac{x}{\sqrt{x^2-1}}$
   (x) $f'(x) = (3x-3)(x-3)$
   (y) $f'(x) = \frac{-2x-3\sqrt{x}}{2x^3}$

30. (a) $f'(x) = \frac{\sqrt{x}-2}{2(\sqrt{x}-1)^2}$
   (b) $f'(x) = \frac{2}{5x^{\frac{3}{5}}} - \frac{9}{4x^{\frac{1}{4}}}$
   (c) $f'(x) = -\frac{168x^2}{(2x^3-1)^8}$
   (d) $f'(x) = \frac{5}{4(5x-8)^{\frac{3}{4}}}$
   (e) $f'(x) = 36(6x-9)^5$
   (f) $f'(x) = \frac{13(2x+7)^{\frac{3}{10}}}{5}$
   (g) $f'(x) = \frac{5x^{\frac{1}{4}}}{4} + \frac{4}{3x^{\frac{7}{3}}}$
   (h) $f'(x) = \frac{3}{10x^{\frac{2}{5}}} + \frac{1}{3x^{\frac{5}{3}}}$
   (i) $f'(x) = \frac{x^2-4x+2}{2\sqrt{x(x-1)}(x-2)^{\frac{3}{2}}}$
   (j) $f'(x) = \frac{2x^{\frac{2}{3}}}{3(x^2+1)^{\frac{4}{3}}}$
   (k) $f'(x) = \frac{(x-2)^8(x^2-7x+1)}{(x-1)(x-3)\sqrt{(x-3)^{11}(x-1)^5}}$
   (l) $f'(x) = \frac{2x^3}{\sqrt{1+x^4}}$
   (m) $f'(x) = -\frac{1}{\sqrt{x+1}(x-1)^{\frac{3}{2}}}$
   (n) $f'(x) = \frac{ab}{\sqrt{a+bx}(a-bx)^{\frac{3}{2}}}$
   (ñ) $f'(x) = \frac{10x-15}{(x-3)^5}$
   (o) $f'(x) = \frac{x-1}{x^2\sqrt{2x^2-2x+1}}$
   (p) $f'(x) = \frac{-3x+1}{x^{\frac{1}{3}}} + \frac{3}{7x^{\frac{5}{6}}}$
   (q) $f'(x) = x^2(1+x^3)^{\frac{5}{3}} - x^2(1+x^3)^{\frac{2}{3}}$
   (r) $f'(x) = \frac{1}{(x-1)^{\frac{3}{4}}(x+2)^{\frac{5}{4}}}$
   (s) $f'(x) = \frac{-6x^2-12x-9}{(x+2)^6}$
   (t) $f'(x) = \frac{a-3x}{2\sqrt{a-x}}$

(u) $f'(x) = \frac{3x^2+2cx+2bx+2ax+ab+ac+bc}{2\sqrt{(x+a)(x+b)(x+c)}}$

(v) $f'(x) = \frac{2\sqrt{x}+1}{6\sqrt{x}(x+\sqrt{x})^{\frac{2}{3}}}$

(w) $f'(x) = (14x+8)(3x+2)^{\frac{1}{3}}$

(x) $f'(x) = -\frac{a-x}{(2ax-x^2)^{\frac{3}{2}}}$

(y) $f'(x) = \frac{13e^4}{20 \cdot 3^{\frac{13}{15}} x^{\frac{17}{30}}}$

31. $y = 5x - 4$.

32. $y = 0$.

33. $y = -3x + 5$.

34. Recta secante $y = 2x+2$. Recta tangente $y = 2x+1$.

35.

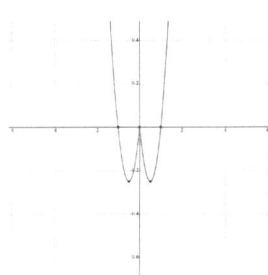

La recta tangente en el punto $x = 0$ no existe ya que no se puede calcular la derivada en dicho punto, al no existir $\lim\limits_{h \to 0} \frac{f(x+h)-f(x)}{h}$, ya que depende de si nos acercamos por la derecha o por la izquierda.

36. $x = \pm 1$

37. (a) Recta tangente: $y = 6x - 3$. Recta normal: $y = -\frac{1}{6}x + \frac{28}{3}$.

    (b) $x = -\frac{1}{2}$.

38. (a) Recta tangente: $y = -15x - 15$. Recta normal: $y = \frac{1}{15}x - \frac{677}{15}$.

    (b) $x = \pm 3$.

39. $y == 3x - 1$

40. Sí, la tangente en $x = 1$ a la curva $f(x) = x^3 - 5x + 1$, $y = -2x - 1$ corta a la curva en $(-2, 3)$

41. Los puntos son $x = \pm 2$ y las rectas son $y = \mp 16$, respectivamente.

42. Los puntos son $x = \pm 1$ y las rectas son $y = x + 4$ (para $x = -1$) e $y = x$ (para $x = 1$).

43. $y = -4x + 8$, $y = -x + 4$ y $y = -\frac{1}{4}x + 2$, respectivamente.

44. $y = \frac{1}{2}x + \frac{1}{2}$ (para $x = 1$), para $x = -1$ no se puede calcular.

45. $x = 3$

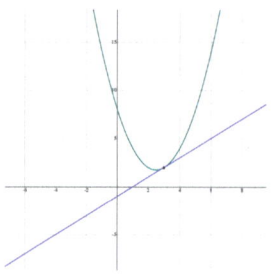

46. $x = 3$

47. Pendiente $m = 5$, ecuación $y = 5x - 3$.

48. En el punto $x = 2$, $y = -2x + 4$ y en $x = 4$, $y = 2x - 8$.

49. Tangente a $x = 1$, $y = 2x - 1$. Tangente a $x = -1$, $y = -2x - 1$

50. En el punto $x = 3$, $y = -11$ y en $x = \frac{1}{3}$, $y = -\frac{41}{27}$.

51.

(a) Recta tangente: $y = 2x - 5$. Recta normal: $y = -\frac{1}{2}x - \frac{5}{2}$.

(b) Recta tangente: $y = -\frac{1}{8}x - \frac{3}{8}$. Recta normal: $y = 8x - \frac{17}{2}$.

52.

$$m = \lim_{h \to 0} \frac{f(2+h) - f(2)}{h} = \lim_{h \to 0} \frac{\frac{1}{2+h} - \frac{1}{2}}{h} = \lim_{h \to 0} \frac{\frac{h}{(2+h)2}}{h} =$$
$$= \lim_{h \to 0} \frac{h}{(2+h)2h} = \lim_{h \to 0} \frac{1}{(2+h)2} = \frac{1}{4}$$

Como además, ha de pasa por el punto $P\left(2, \frac{1}{2}\right)$, éste ha de cumplir la ecuación $y = mx + n$, por lo que $n = 1$ y la ecuación, $y = -\frac{1}{4}x + 1$.

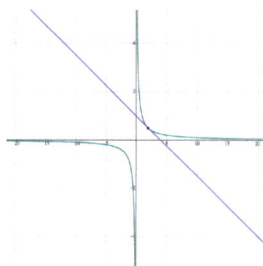

53. $y = x + \frac{3}{4}$.

54. Tangente a f, $y = x - 1$. Tangente a g, $y = x - 1$. En $x = 0$ sus gráficas son tangentes entre sí.

55. $y = -\frac{1}{2}x + 4$.

56.

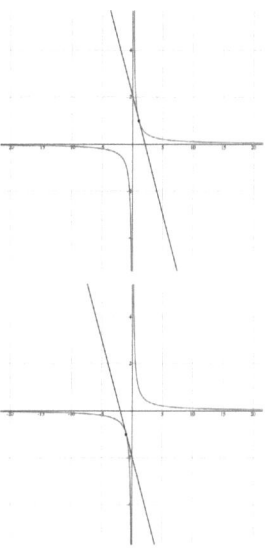

Son paralelas. Sus ecuaciones son: $y = -x + 2$ (en $x = 1$) $y = -x - 2$ (en $x = -1$)

57. No, ninguno

58. $x = 1$

59. En ninguno

60. $x = \frac{\pi}{4}$ y $x = \frac{5\pi}{4}$

61. $y = -\frac{1}{2}x - \ln(2) + \frac{1}{4}$.

62. $a = 3$, $b = -5$ y $c = 4$.

63.

$$m = \lim_{h \to 0} \frac{f(4+h) - f(4)}{h} = \lim_{h \to 0} \frac{\frac{1}{10+3h} - \frac{1}{10}}{h} = \lim_{h \to 0} \frac{\frac{-3h}{(10+3h)10}}{h} =$$
$$= \lim_{h \to 0} \frac{-3h}{(10+3h)10h} = \lim_{h \to 0} \frac{-3}{(10+3h)10} = \frac{-3}{100}$$

$m = -\frac{3}{100}$ y la ecuación $y = -\frac{3}{100}x + \frac{11}{50}$.

64. (a) $y = 3x - 2$.

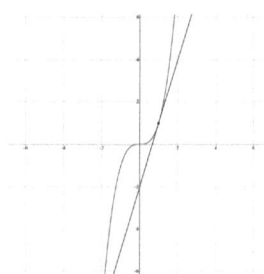

(b) $y = x - 6$.

(c) $y = \frac{1}{4}x + \frac{3}{2}$.

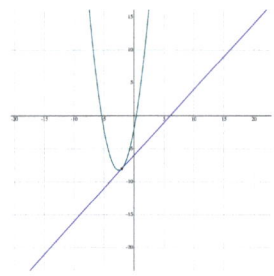

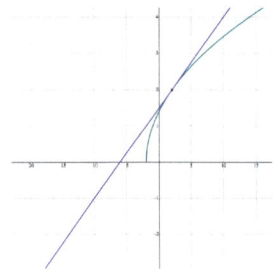

65. $x = \frac{15^{\frac{3}{4}}}{225}, x = -\frac{15^{\frac{3}{4}}}{225}$

66.

(a) $m = 7$

(b) $m = -1$

www.ingramcontent.com/pod-product-compliance
Lightning Source LLC
Chambersburg PA
CBHW041552220426
43666CB00002B/45